Mein kunterbuntes TIERBUCH

Inhalt

© 2007 Artemisia progetti editoriale srl
© 2011 für die deutsche Ausgabe: F.X. Schmid GmbH
Text: Simona Cervetto, Silvia Canevaro
Layout: Donatella Bergamino
Illustrationen: Marco Ferraris
Übersetzung: Dagmar Klotz
Umschlagfotos:
Umschlagvorderseite: Papagei ©iStockphoto/LindaMarieB;
Giraffe ©iStockphoto/FrancoDeriu; Fuchs, Pandabär und Löwe
©iStockphoto/GlobalP; Igel ©iStockphoto/Dixi_

An Flüssen und Seen

In den Bergen

In der Wüste

Im Wald

Im ewigen Eis

Der Elefant

Der Elefant ist das größte lebende Landsäugetier. Sein unverwechselbares Merkmal ist der Rüssel. Dieser besondere Körperteil ist Nase und Oberlippe zugleich. Der Rüssel dient zum Greifen, aber auch zum Trinken. Und unter Wasser benutzt der Elefant ihn als Schnorchel. Bei großer Hitze fächelt er sich mit seinen riesigen Ohren Luft zu. Der Afrikanische Elefant ist größer und kräftiger als der Indische Elefant.

Wenn er rennt, kann der Elefant 40 km/h erreichen.

Elefanten sind Pflanzenfresser.

Ein Stoßzahn kann bis zu 2,4 m lang werden und bis zu 45 kg wiegen.

Höhe: 3–4 m

Die Giraffe

Gewicht: bis zu 2 t

Die Giraffe ist das höchste Tier der Welt. Sie lebt meist in Herden von zwei bis zehn Tieren.

Höhe: 4-6 m

Die Giraffe hat Hörner, die mit Fell überzogen sind.

Sie schläft im Stehen.

Der Hals besteht aus sieben Halswirbeln.

Mit dem Alter wird das Fell dunkler.

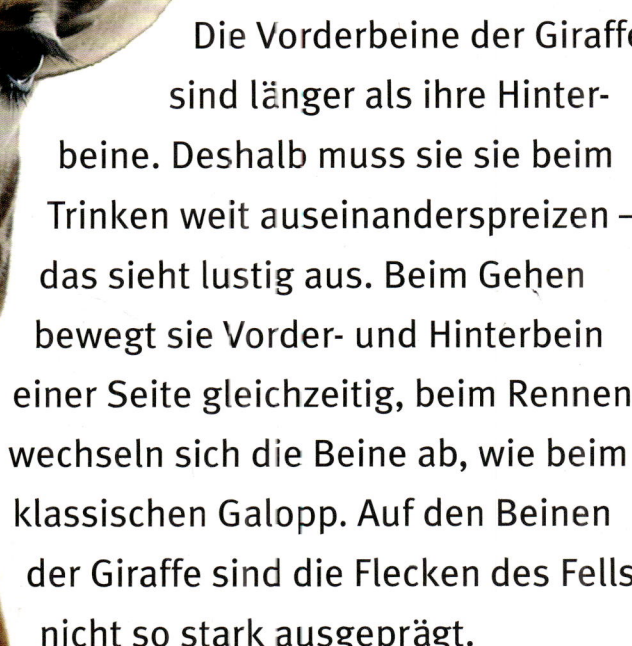

Die Vorderbeine der Giraffe sind länger als ihre Hinterbeine. Deshalb muss sie sie beim Trinken weit auseinanderspreizen – das sieht lustig aus. Beim Gehen bewegt sie Vorder- und Hinterbein einer Seite gleichzeitig, beim Rennen wechseln sich die Beine ab, wie beim klassischen Galopp. Auf den Beinen der Giraffe sind die Flecken des Fells nicht so stark ausgeprägt.

Der Leopard

Gewicht: 40-90 kg

Der Leopard ist ein Einzelgänger.

Der Leopard ist eine der schönsten und elegantesten Raubkatzen. Er ist vor allem berühmt wegen seines herrlichen, gelblich beigen Fells. Es ist übersät von schwarzen, rosettenförmigen Flecken. Der Leopard hat ein außergewöhnlich gutes Gehör, scharfe Augen und einen hoch entwickelten Geruchssinn. Er fühlt sich auf Bäumen, aber auch auf dem Boden wohl und bewegt sich sehr schnell und geschickt.

Der Schwanz des Leoparden ist geringelt.

Am Bauch hat das Fell keine Flecken.

Ein Leopard wird durchschnittlich zehn bis zwölf Jahre alt.

Länge: 1,7-2,5 m

Das Zebra

Höhe: bis zu 1,5 m

Das Zebra ernährt sich von Gras, Rinde, jungen Pflanzen und Früchten.

Das Zebra ist dämmerungs- und nachtaktiv.

Das Zebra gehört zur Gattung der Pferde. Es ist etwas kleiner als ein Pferd und hat eine kürzere, steifere Mähne. Das weiße Fell hat – außer am Bauch – schwarze Streifen. Als Maß für die Größe wird wie bei Pferden die Schulterhöhe angegeben. Zebras sind Pflanzenfresser.

Gewicht: 200–400 kg

Jedes Zebra hat sein eigenes Streifenmuster.

7

Der Löwe

Dieses Löwenbaby ist sechs Monate alt.

Der Schwanz des Löwen kann bis zu 1 m lang sein.

Länge: 1,5–2,5 m

Löwenmännchen mit besonders dichter Mähne

Im Verhältnis zum Körper des Löwen sind seine Beine eher kurz.

Der Löwe ist wahrscheinlich die am meisten gefürchtete Raubkatze der Savanne. Er hat einen langen, muskulösen Körper. Seine braune Mähne bedeckt Kopf und Hals, manchmal sogar auch noch die Brust. Weibchen haben die gleiche Fellfarbe wie die Männchen, aber keine Mähne.

Gewicht: 150–250 kg

Die Gazelle

Gewicht: 15–25 kg

Die Gazelle ist ein mittelgroßes Säugetier. Die Farbe des Fells schwankt zwischen Braun, Grau und Weiß.

Die Gazelle ist eine beliebte Beute für Leoparden.

Sie selbst ist ein Pflanzenfresser.

Männchen wie auch Weibchen haben nach vorne gebogene Hörner. Neben der schlanken Statur, fallen besonders die langen Beine auf. Nicht zuletzt deshalb sind Gazellen schnelle Läufer, sie können bis zu 50 km/h erreichen.

Länge: 90–110 cm

Die Gazelle ist ein Paarhufer.

9

Das Nashorn

Das Nashorn, auch Rhinozeros genannt, ist das zweitgrößte an Land lebende Säugetier. Es fällt durch seine wuchtige Gestalt auf – und durch das Horn auf der Nase. Manchmal sind es auch zwei Hörner. Die dicke Haut des Nashorns ist dunkelgrau und kaum behaart. Trotz seines bulligen Körperbaus ist das Nashorn ein friedliches Tier. Nur wenn es sich bedroht fühlt, greift es an.

Länge: 2,5–4 m

Das Horn wird bis zu 60 cm lang.

Die Beine sind dick und kurz.

Jeder Fuß hat drei Zehen.

Mit dem Horn graben Nashörner Knollen und Wurzeln aus, ihre Leibspeise.

Gewicht: 1–2 t

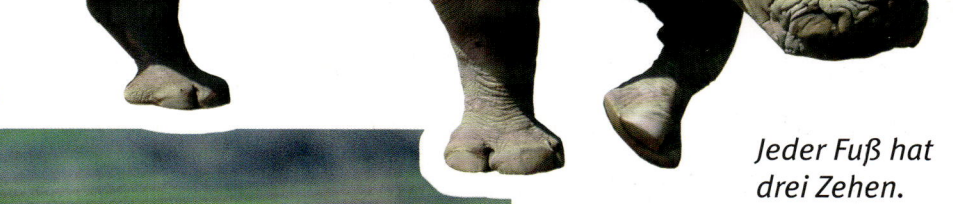

Der Gepard

Gewicht: 40-60 kg

Dank der flexiblen Wirbelsäule und spezieller Pranken kann der Gepard ganz unerwartet bremsen. Normalerweise ernährt er sich von Antilopen und Gazellen, die er in den frühen Morgenstunden oder gegen Abend jagt.

Der Gepard ist eines der schnellsten Tiere.

Er kann bis zu 100 km/h erreichen.

Er fängt seine Beute, indem er sie über- rennt.

Der Gepard ist eine Raubkatze und hat ungefähr die Größe eines Leoparden. Sein Fell ist gelblich mit runden, schwarzen Flecken. Der Gepard kann seine Krallen nicht einziehen. Sie geben ihm einen besseren Halt, wenn er sich beim Rennen vom Boden abstößt.

Der Gepard hat besonders lange, schlanke Beine.

Länge: 1,5-2 m

Am Bauch ist sein Fell heller.

Der Schimpanse

Gewicht: 60 kg

Von allen Tieren ist der Schimpanse dem Menschen am ähnlichsten. Er hat einen großen Kopf, ein sehr ausgeprägtes Maul und kleine, lebhafte Augen. Seine vorderen Gliedmaßen sind länger als die hinteren. Sein Fell ist ziemlich dicht und dunkelbraun. Er lebt in gut organisierten Gruppen im Regenwald und kümmert sich liebevoll um seinen Nachwuchs. Der Schimpanse ist ein Pflanzenfresser und ernährt sich von Früchten, Blättern und Samen.

Sein Gesicht ist sehr ausdrucksvoll.

Seine Pfoten haben je fünf Finger, mit denen er greifen kann.

Höhe: 1,7 m

12

Der Tiger

Sein orangegelbes Fell mit den senkrechten, dunklen Streifen macht den Tiger unverwechselbar. Trotz ihres schweren, muskulösen Körpers ist die größte aller Raubkatzen sehr beweglich und macht erstaunliche Sprünge, um ihre Beute zu fangen. Der Tiger ist ein ausgezeichneter Jäger, der sich von Wildschweinen, Hirschen und Antilopen ernährt. Er kann 30 kg Fleisch pro Tag fressen. Tiger sind Einzelgänger.

Das Fell des Tigers ist gestreift.

Länge: bis zu 2,8 m

Seine Fellfarbe ist der Umgebung angepasst.

Die Pfoten haben lange Krallen.

Gewicht: 250 kg

Das Chamäleon

Gewicht: 500 g

Um seine Beute zu fangen, benutzt das Chamäleon seine lange Schleuder- zunge, deren Spitze mit einem klebrigen Sekret benetzt ist.

Chamäleons sind tagaktiv.

Der kurze Hals ist kaum beweglich.

Das Chamäleon ist ein Reptil und berühmt für seine Fähigkeit, die Farbe zu wechseln. Es lebt in Bäumen. Dank seiner Zehen, die das Chamäleon wie Zangen benutzt, findet es dort guten Halt. Seinen langen Schwanz rollt das Chamäleon beim Schlafen nach unten ein. Es kann seine hervorstehenden Augen unabhängig voneinander in alle Richtungen drehen.

Länge: 50 cm

Je nach Stimmung wechselt das Chamäleon die Farbe.

Der Tukan

Gewicht: 400 g

Er ernährt sich hauptsächlich von Früchten, frisst aber auch Insekten und Spinnen. Seine Eier legt der Tukan in Baumhöhlen. Wenn die Jungen schlüpfen, haben sie noch keine Federn.

Tukane leben in Paaren.

Der Tukan ist ein tropischer Vogel, der sich durch seinen großen, prächtig gefärbten Schnabel auszeichnet. Sein Federkleid ist meist schwarz mit einigen leuchtend farbigen Partien. Die Beine des Tukans enden in vier Krallen, die paarweise nach vorne und hinten zeigen.

Der Schnabel des Tukans ist circa 20 cm lang.

Länge: 60 cm

Seine Beine sind mit Schuppen bedeckt.

Der Gorilla

Gewicht: 180 kg

Der Gorilla ist ein Säugetier und gehört zur Familie der Menschenaffen. Haut und Haare sind schwarz. Bei älteren Männchen färbt sich der Rücken grau.

Die Schnauze des Gorillas ist unbehaart.

Er hat eine flache Nase und breite Nasenlöcher.

Höhe: 1,5 m

Gorillas leben in Gruppen.

Sein Skelett ähnelt dem des Menschen, aber der Gorilla hat dickere Knochen und einen kleineren Schädel. Wie bei allen Menschenaffen sind auch beim Gorilla die Arme länger als die Beine. Seine Hände und Füße sind sehr groß.

Der Jaguar

Gewicht: bis zu 100 kg

Die Farbe seines Fells schwankt zwischen tiefgelb und rostrot, dazu kommen schwarze Flecken. Der Jaguar ernährt sich von Baum-, Land- und Wassertieren. Jaguare sind Einzelgänger.

Sein Kopf ist gedrungen.

Der Jaguar ist eine große Raubkatze. Nur Tiger und Löwen sind größer. Der Jaguar ist stark und kann ausgezeichnet schwimmen. Äußerlich ähnelt er dem Leoparden.

Die Fellhaare sind kurz.

Länge: 1–1,9 m

Der Jaguar hat kurze, kräftige Beine.

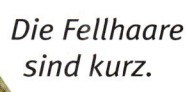

17

Der Papagei

Gewicht: 300 g

Der Papagei ist ein Vogel mit buntem Gefieder und lebt vor allem in tropischen Gebieten.

Der Papagei hat ein dichtes Federkleid.

Die Oberseite des Schnabels ist hakenförmig.

Am Boden bewegt er sich sehr unbeholfen, auf Bäumen dagegen mit außerordentlichem Geschick. Der Papagei ernährt sich von Früchten sowie von Samen, die er mit seiner Zunge aufsammelt. Papageienpaare bleiben oft ihr ganzes Leben zusammen. Es gibt über 300 Arten von Papageien. Die größten sind die Aras.

Länge: bis zu 80 cm

Papageien haben Kletterfüße, bei denen zwei Zehen nach vorne und zwei nach hinten gestellt sind.

Der Schwarze Panther

Der Schwarze Panther ist ein Leopard, mit einem komplett schwarz gefärbten Fell.

Die Flecken sind kaum erkennbar.

Gewicht: 80 kg

Sein Schwanz ist einen Meter lang.

Länge: bis zu 1,9 m

Er ist ein gerissener Jäger und kann sogar Tiere überwältigen, die bis zu 600 kg schwerer sind als er selbst.

Das Fell hat eine dunkle Färbung.

Der Weiße Hai

Gewicht: 1-2 t

Länge: 4-6 m

Seine Farbe ist grau.

Im Gegensatz zu den meisten Fischen haben Haie keine Schwimmblase. Sie müssen sich deshalb ständig bewegen, um nicht abzusinken. Der Geruchssinn des Weißen Haies ist sehr gut entwickelt.

Der Weiße Hai ist der größte Raubfisch der Welt.

Mit seinen scharfen Zähnen und dem kräftigen Kiefer ist der Weiße Hai ein gefährliches Raubtier. Da seine Zähne stark beansprucht werden, erneuern sie sich ständig.

Nicht alle Haie sind angriffslustig.

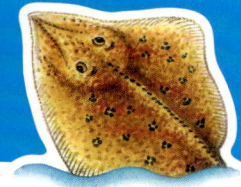

Der Rochen

Gewicht: 20-50 kg

Er ernährt sich von kleinen Fischen und Weichtieren und gräbt sich gerne im Sand ein. Am Körperende hat der Rochen einen Giftstachel. Wie Haie sind Rochen Knorpelfische, das heißt, ihr Skelett besteht nicht aus Knochen, sondern aus Knorpel.

Durch die Tarnfarbe hebt sich der Rochen kaum von seiner Umgebung ab.

Es gibt viele verschiedene Rochenarten.

Länge: 1-2 m

Der Rochen fällt durch seinen sehr flachen Körper auf. Die Flossen ähneln Flügeln. Mit seiner Körperform hat sich der Rochen seinem Lebensraum auf dem Meeresgrund angepasst.

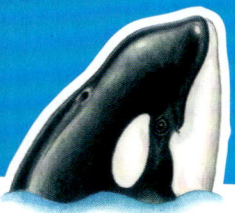

Der Orca

Gewicht: 7 t

Der Orca, auch Großer Schwertwal genannt, ist ein Säugetier und gehört zur Familie der Delfine. Er ist schwarz mit großen, weißen Flecken.

Er kann mehr als 50 km/h schwimmen.

Länge: 8 m

Sein Bauch ist weiß.

Ober- und Unterkiefer haben je 20 Zähne.

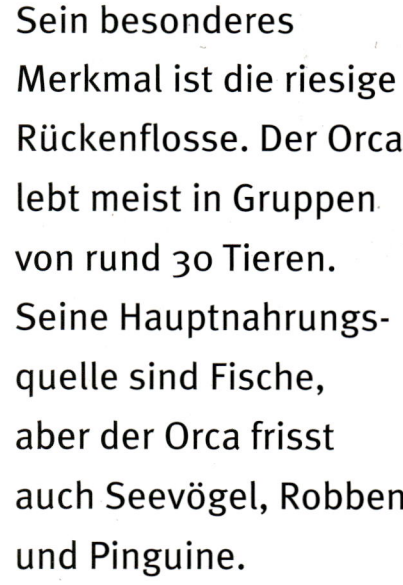

Sein besonderes Merkmal ist die riesige Rückenflosse. Der Orca lebt meist in Gruppen von rund 30 Tieren. Seine Hauptnahrungsquelle sind Fische, aber der Orca frisst auch Seevögel, Robben und Pinguine.

Der Orca hat eine abgerundete Schnauze.

Der Delfin

Gewicht: 150–300 kg

Oben auf dem Rücken hat der Delfin ein Blasloch. Das braucht er zum Atmen. Mithilfe von Echolauten orientiert sich der Delfin, so kann er zum Beispiel Hindernissen ausweichen. Delfine sind in allen Meeren der Welt zu Hause.

Delfine leben in großen Gruppen, die Schulen genannt werden.

Länge: bis zu 3,6 m

Er kommt auch im Mittelmeer vor.

Die Schnauze des Delfins wirkt wie ein kurzer, dicker Schnabel.

Der Delfin ist kein Fisch, sondern ein Meeressäugetier. Er ist bekannt für seine Gewandtheit und seine Intelligenz. Der Rücken des Delfins ist grau, der Bauch weist eine hellere Färbung auf.

Die Meeres-schildkröte

Die Meeresschildkröte gehört zu den ältesten heute vorkommenden Reptilien. Sie lebte bereits vor rund 200 Millionen Jahren, ihr Aussehen hat sich seitdem nicht verändert. Typisches Merkmal der Meeresschildkröte ist ihr harter Panzer, der die Weichteile vor Umwelteinflüssen und Raubtieren schützt.

Der Kopf der Meeresschildkröte ist klein.

Sie legt ihre Eier in einer Grube am Sandstrand ab.

Beim Schwimmen benutzt die Meeres-schildkröte ihre Vorderbeine als Paddel und ihre Hinterbeine zum Steuern.

Länge: 1,5 m

Sie kann bis zu 30 km/h schwimmen.

Der Wal

Gewicht: bis zu 150 t

Der Umriss eines Wals ähnelt dem eines Fisches, trotzdem ist er ein Säugetier. Der Wal hat eine Lunge zum Atmen und säugt seine Jungen.

Der Wal gibt eigenartige Laute von sich.

Er hat ein sehr gutes Gehör.

Es gibt über 70 Arten von Walen.

Wale sind gesellige Tiere, die in Gruppen leben.

Länge: bis zu 30 m

Der Körper des Wals ist so geformt, dass er dem vorbeiströmenden Wasser möglichst wenig Widerstand bietet. Deshalb sind Wale gute Schwimmer. Zum Atmen muss der Wal an die Wasseroberfläche kommen. Durch Blaslöcher auf der Oberseite des Kopfes stößt der Wal zunächst Luft aus, bevor er wieder einatmet. In allen Meeren der Welt gibt es Wale.

Das Krokodil

Länge: 7 m

Seinen langen Schwanz benutzt das Krokodil beim Schwimmen als Steuerruder. Der Körper des Krokodils ist graugrün und von Horn-schuppen bedeckt, die auf dem Rücken dunkler sind als am Bauch. Das Krokodil kann nicht kauen. Es muss deshalb seine Beute ganz herunterschlucken oder zerreißen, indem es sie hin und her schleudert.

Das Krokodil hat spitze, hervorstehende Zähne.

Sein Maul hat eine längliche, dreieckige Form.

Gewicht: 1 t

Das Krokodil ist ein großes Reptil, das an Flüssen und Seen lebt. Die meiste Zeit des Tages verbringt das Krokodil im Wasser. Regelmäßig kommt es aber auch an Land.

Die Libelle

Gewicht: wenige Gramm

Die Libelle gehört zu den Fluginsekten.
Sie hat eine Flügelspannweite von 4 bis 8 cm.
Da sie lange Zeit in der Luft verweilen kann,
gebraucht sie ihre Beine nur selten.
Die Libelle ist in der Lage, beim Fliegen
plötzlich die Richtung zu wechseln oder
in der Luft anzuhalten.

*Ihre Facettenaugen
bestehen aus je
10.000 Einzelaugen.*

Länge: 9 cm

*Libellen können bis
zu 50 km/h fliegen.*

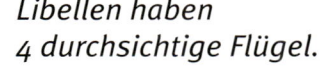

*Libellen haben
4 durchsichtige Flügel.*

Libellen leben
meist in der Nähe
von stehenden
Gewässern. Sie
ernähren sich von
anderen Insekten,
die sie im Flug
mit ihren Beinen
fangen.

Das Flusspferd

Flusspferde haben nur wenige Haare.

Flusspferde sind Säugetiere mit tonnenförmigem Körper und kurzen Beinen. Sie kommen auch in einer kleineren Variante als Zwergflusspferde vor. Flusspferde sind an Flüssen und Seen in Afrika zu Hause.

Die Beine enden in vier Zehen.

Gewicht: 4 t

Die Sinnesorgane des Flusspferds sind so weit oben am Kopf angeordnet, dass es fast vollständig unter Wasser bleiben kann. Sein Maul ist riesig und hat sehr lange Eck- und Schneidezähne.

Augen, Nasenlöcher und Ohren liegen auf der Oberseite des Kopfes.

Länge: 4,5 m

Flusspferde werden auch Nilpferde genannt.

Der Waschbär

Er ist ein geschickter Kletterer.

Der Waschbär ist ein Säugetier. Auffällig ist sein großer Kopf mit der spitzen Schnauze und den aufrecht stehenden Ohren. Der Körper des Waschbären ist von einem langhaarigen Fell bedeckt. Es ist auf dem Rücken graubraun, am Bauch hellgrau.

Gewicht: 5-8 kg

Der Waschbär ist nachtaktiv.

Länge: 40-70 cm

Seine Pfoten sind unbehaart.

Sein Gesicht hat eine schwarze Fleckzeichnung. Dadurch sieht der Waschbär aus, als würde er eine Maske tragen. Waschbären sind Allesfresser. Längst gibt es sie nicht mehr nur in Nordamerika, sondern auch in Europa.

Die Kröte

Gewicht: bis zu 2 kg

Länge: 10-15 cm

Die Kröte ist eine Amphibie, das heißt sie lebt im Wasser und an Land. Sie hat eine warzige Haut, einen gedrungenen Rumpf, lange Hinterbeine und kurze Vorderbeine. Meist hat sie eine grüne oder braune Farbe. Auf beiden Seiten des Halses befinden sich Drüsen, die eine giftige Flüssigkeit absondern. Damit schützen sich Kröten vor Fressfeinden. Ihre lange, klebrige Zunge kann die Kröte hervorschnellen lassen, um Insekten zu fangen.

Die Kröte hat keine Zähne.

Zwischen den Zehen sind Halb-schwimmhäute ausgebildet.

Sie wird vor allem in der Dämmerung aktiv, während sie sich tagsüber an feuchten Plätzen versteckt. Die Kröte ernährt sich von Insektenlarven und wirbellosen Tieren.

Auffallend sind die waagerecht geformten Pupillen.

Der Flamingo

Flamingos leben in Kolonien.

Der Flamingo ist ein Vogel mit sehr langen Beinen und einem s-förmigen Hals. Besonders auffällig ist sein dichtes, rosafarbenes Gefieder. Der Flamingo lebt an Flüssen, Seen und Teichen. Zur Nahrungssuche taucht er den Kopf ins Wasser und filtert es mit dem Schnabel. Er frisst kleine wirbellose Tiere und pflanzliche Organismen.

Jungvögel haben graues Gefieder.

Die vordere Schnabelhälfte ist nach unten gebogen.

Gewicht: 2-4 kg

Höhe: 1-1,5 m

Mit ihren langen Beinen können Flamingos durch tieferes Wasser waten.

Der Flamingo ruht sich auf einem Bein stehend aus. Das andere Bein knickt er dabei unter der Brust ein. So vermeidet er unnötigen Wärmeverlust. Seine Farbe verdankt der Flamingo einem Stoff, der in seiner Leibspeise Garnelen enthalten ist. Während der Flamingo fliegt, sind Hals und Beine lang ausgestreckt.

31

Der Puma

Der Puma ist eine Raubkatze, die nur auf dem amerikanischen Kontinent vorkommt. Er wird auch Berglöwe genannt. Sein einfarbiges Fell kann braun, grau oder rötlich sein. Seine Vorderläufe haben fünf, die Hinterläufe dagegen nur vier Zehen. Jede Zehe hat eine einziehbare Kralle. Mit den Krallen hält der Puma seine Beute fest.

Länge: 1,5 m

Der Puma hat einen kleinen Kopf.

Zum Jagen legt sich der Puma auf die Lauer.

Er kann das Maul sehr weit aufreißen.

Seine Sprungkraft ist groß.

Anders als die übrigen Raubkatzen kann der Puma nicht brüllen, aber doch zumindest verschiedene Laute ausstoßen. Er ernährt sich vor allem von Mäusen, Kaninchen, Hasen und kleinen Vögeln.

Der Luchs

Gewicht: 20 kg

Der Luchs ist eine Raubkatze mittlerer Größe mit langen Beinen und sehr breiten Pranken. Er frisst am liebsten Hirsche, Ziegen und Schafe. Um sie zu erbeuten, legt er sich versteckt zwischen Ästen und Blättern auf die Lauer. Sein Fell ist rötlich braun und manchmal gefleckt. Da das Fell sehr dicht ist, macht Kälte dem Luchs nichts aus.

Sein Fell ist dicht und weich.

Seine Krallen sind scharf.

Länge: 1 m

Der Luchs hat einen kurzen Stummelschwanz.

An den Ohren hat der Luchs kleine Haarbüschel, die nennt man Pinsel. Da der Luchs auch Haare an den Unterseiten seiner Pfoten hat, kann er sich geräuschlos fortbewegen.

Er ist ein hervorragender Kletterer.

33

Der Große Panda

Gewicht: 110 kg

Der Große Panda ist ein Säugetier. Er ist leicht zu erkennen an seinem weißen Fell mit den schwarzen Partien um Augen und Ohren, an der Schulter und den Beinen. Sein Körperbau ähnelt dem eines Braunbären. Der Panda ernährt sich vor allem von Bambus, frisst aber auch gerne Früchte, Insekten und manchmal sogar kleine Säugetiere.

Er hat einen auffallend großen Kopf.

Der Pandabär ist ein Einzel- gänger.

Pandabären können gut klettern und schwimmen. Der Große Panda gehört zu den stark gefährdeten Tierarten.

Pro Tag verputzt er 12 bis 14 kg Bambus.

Höhe: 1,5 m

34

Das Murmeltier

Es frisst Kräuter, Insekten und Gräser.

Das Murmeltier ist ein in Europa, Asien und Nordamerika heimisches Nagetier. Es hat eine runde Schnauze, kleine Ohren und kurze Beine.
Es lebt in meterlangen unterirdischen Gängen und hält Winterschlaf, der bis zu neun Monate dauern kann.

Gewicht: 5 kg

Sein Schwanz kann bis zu 25 cm lang werden.

Das Fell ist struppig.

Länge: 50 cm

Ein deutliches Erkennungsmerkmal des Murmeltiers sind seine vier breiten Schneidezähne, die ständig nachwachsen. Um andere Murmeltiere vor Gefahren zu warnen, stößt es schrille Pfiffe aus.

35

Der Strauß

Höhe: bis zu 2 m

Der Strauß ist der größte Vogel der Erde, kann aber nicht fliegen. Er hat einen langen Hals, einen kleinen Kopf und einen gedrungenen Körper. Da dieser recht schwer ist, kann der Strauß nicht fliegen. Dazu sind auch seine Flügel zu klein. An den Füßen hat der Strauß Zehen mit großen Krallen.

Er hat lange, kräftige Beine.

Der Strauß hat große Augen und einen kurzen Schnabel.

Gewicht: 100–150 kg

Bei den Weibchen sind die Federn grau, bei den Männchen schwarz. Der Strauß ist ein ausgezeichneter Läufer: Er bringt es auf Geschwindigkeiten von bis zu 60 km/h.

Er frisst Gras, Insekten und Beeren.

Die Klapper-
schlange

Seinen Namen verdankt
dieses Reptil der Rassel an
seiner Schwanzspitze.
Zum Angriff richtet sich
die Klapperschlange in einer
s-förmigen Position auf und
lässt das Schwanzende vibrieren,
sodass ein drohendes, klapperndes
Geräusch entsteht. Ihre Feinde sind
Falken und Adler. Die Haut der Klapperschlange ist gelbbraun mit schwarzen
Rhomben.

Gewicht: 7 kg

*Die Klapper-
schlange ist eine
Giftschlange.*

*Sie hat keine
Augenlider und
keine Ohren.*

*Ihr Kopf ist
dreieckig.*

Um sich im
Winter vor Kälte
zu schützen,
verkriecht sich die
Klapperschlange
zwischen Felsen.

Länge: 1–2 m

Das Eichhörnchen

Das Eichhörnchen ist ein Nagetier und verbringt die meiste Zeit auf Bäumen. Es ernährt sich hauptsächlich von Nüssen, Früchten, Samen und Rinde, frisst aber auch Insekten. Schnell wie der Blitz kann es auf Bäume klettern.

Die Bauchpartie ist meist weiß.

Beim Springen dient der Schwanz als Ruder.

Seinen langen, buschigen Schwanz benutzt das Eichhörnchen, um das Gleichgewicht zu halten. Sein Fell ist grau oder rostbraun.

Es hat kräftige Klauen und einen scharfen Blick.

Länge: 35 cm

Die Eule

Gewicht: 400 g

Höhe: 35 cm

Die Eule ist ein nachtaktiver Raubvogel. Besonderes Merkmal sind ihre großen Augen und der rundliche Kopf. Die Eule ernährt sich von Insekten, Vögeln und kleinen Säugetieren wie Mäusen, auf die sie sich in einem Überraschungsangriff stürzt. Neben einem ausgeprägten Sehsinn besitzt die Eule auch ein feines Gehör. Es gibt viele verschiedene Eulenarten, die sich in Aussehen und Größe unterscheiden.

Tagsüber schläft die Eule.

Eulen leben in Nadel- oder Mischwäldern.

Sie hat große Pupillen.

39

Der Fuchs

Gewicht: 8 kg

Der Fuchs gehört zur Hundefamilie. Typisch für ihn sind die zugespitzte Schnauze, kurze Ohren und Beine, ein dichtes Fell und ein langer, buschiger Schwanz. Der Fuchs geht nachts auf die Jagd. Tagsüber versteckt er sich gerne im Unterholz.

Seine Ohren sind kurz und aufrecht.

Füchse können gut springen und schnell laufen.

Das Fell des Fuchses ist rotbraun. Normalerweise ist er ein Fleischfresser, aber manchmal begnügt er sich auch mit Beeren oder anderen Früchten.

Länge: 90 cm

Der Igel

Gewicht: 1 kg

Der Igel ist ein Säugetier mit spitzer Schnauze und kräftigen, kurzen Beinen. Sein Erkennungszeichen sind die Stacheln: steife, mehrere Zentimeter lange Haare, die eine Schutzfunktion erfüllen.

Der Igel hat über 5000 Stacheln.

Seine Zehen sind mit Krallen versehen.

Länge: 30 cm

Wenn er sich bedroht fühlt, rollt sich der Igel ein, stellt die Haare auf und sieht dann aus wie eine große, stachelige Kugel. Im Ruhezustand liegen die Stacheln glatt nach hinten am Körper an.

Er frisst Würmer, Raupen, Samen und Früchte.

41

Der Wolf

Der Wolf ist ein Raubtier und kommt in verschiedenen Teilen der Erde vor. Er kann sich an alle Klimazonen anpassen, selbst an die kältesten. Sein dichtes Fell ist grau oder rostbraun. Wölfe sind starke und schnelle Tiere. Bei der Jagd im Rudel zeigt sich der Wolf intelligent und ausdauernd: Das Beutetier wird verfolgt und bis zur Erschöpfung gehetzt.

Wölfe leben in Rudeln von mehreren Tieren.

Er hat einen langen, buschigen Schwanz.

Sein Geruchssinn ist gut ausgebildet.

Länge: 1,5 m

Sein Körper ist drahtig.

Der Wolf hat kräftige, scharfe Krallen.

Der Bär

Gewicht: 500 kg

Der Bär gehört zu den stärksten Tieren. Da er so groß ist, sehen seine Bewegungen oft langsam aus, aber auf der Jagd kann er sehr flink sein. Bären können auf Bäume klettern und sind gute Schwimmer. Im Sommer legt sich der Bär Nahrungsvorräte an und richtet sich eine Höhle für den langen Winterschlaf ein. Bären sind äußerst reinliche Tiere und lieben Süßes, vor allem Honig!

Die Fellfarbe der Bären variiert von Braun bis Beige.

Länge: 2,5 m

Die Krallen an den Tatzen kann der Bär nicht einziehen.

Er ernährt sich von Beeren, Honig, Fischen und Nagetieren.

Der Pinguin

Gewicht: bis zu 40 kg

Höhe: bis zu 1,2 m

Pinguine können bis zu 40 km/h schnell schwimmen.

Am Bauch sind die Federn weiß, auf dem Rücken schwarz.

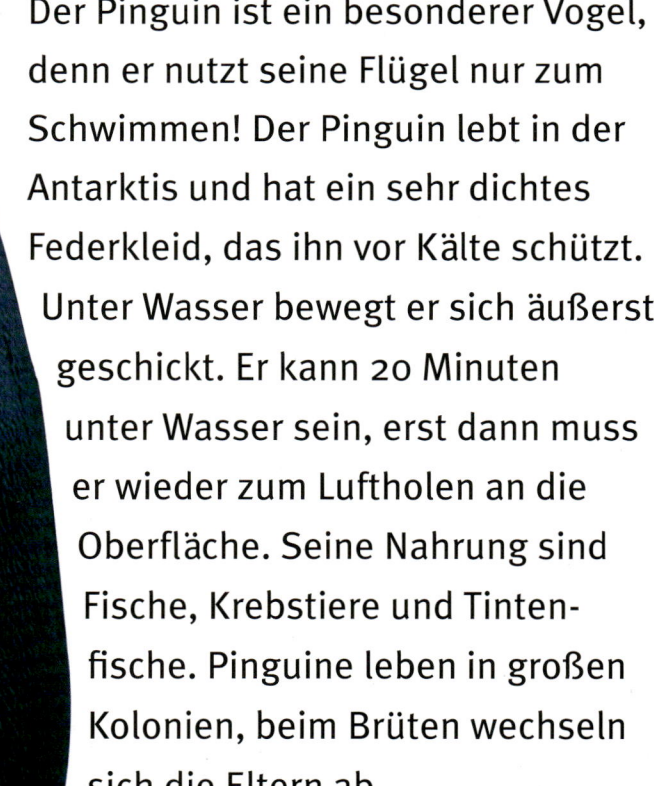

Der Pinguin ist ein besonderer Vogel, denn er nutzt seine Flügel nur zum Schwimmen! Der Pinguin lebt in der Antarktis und hat ein sehr dichtes Federkleid, das ihn vor Kälte schützt. Unter Wasser bewegt er sich äußerst geschickt. Er kann 20 Minuten unter Wasser sein, erst dann muss er wieder zum Luftholen an die Oberfläche. Seine Nahrung sind Fische, Krebstiere und Tintenfische. Pinguine leben in großen Kolonien, beim Brüten wechseln sich die Eltern ab.

Die Robbe

Gewicht:
300–400 kg

Die Robbe ist ein Meeressäugetier. Dank ihrer Flossen ist sie eine hervorragende und schnelle Schwimmerin. Außerhalb des Wassers bewegt sich die Robbe nur sehr langsam. Sie hat ein glattes, graues Fell und eine dicke Fettschicht, die sie vor der Kälte schützt. Auf dem Speisezettel der Robbe stehen kleine Fische, Krebs- und Weichtiere. Ihr größter Feind ist der Orca.

Länge: 2–4 m

Sie hat sehr dunkle Augen.

Das Fell der Robbe ist manchmal gefleckt.

Ihre Schnurrhaare nennt man auch Vibrissen.

Tagsüber ruht die Robbe auf einer Eisscholle in der Sonne.

45

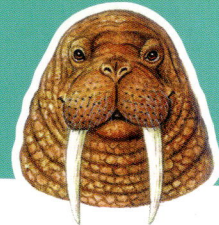

Das Walross

Die Zähne heißen Hauer und können bis zu 1 m lang werden.

Das Walross ist ein Meeressäugetier mit beeindruckenden Stoßzähnen. Sein dickes, kurzes Fell ist grau. Die Stoßzähne benutzt das Walross zur Verteidigung, zum Vorwärtskommen auf dem Eis und um Löcher zu graben. Zum Schutz gegen die Kälte hat es eine dicke Fettschicht als Isolierung zwischen Haut und Körperinnerem.

Es hat kurze, stämmige Beine.

Das Walross frisst vor allem Muscheln, Schnecken und andere Kleintiere.

Länge: 3–4 m

46

Der Eisbär

Länge: 2–3 m

Die Sohlen der Tatzen sind beim Eisbären behaart. Das schützt ihn vor der Kälte und ermöglicht ein sicheres Gehen auf Eis.

Eisbären sind Einzelgänger.

Gewicht: 300–700 kg

Seine Ohren sind sehr klein.

Der Eisbär ist eines der größten an Land lebenden Raubtiere. Sein Zuhause ist die Arktis. Besonderes Kennzeichen ist das weiße Fell. Der Eisbär ist eine beeindruckende Erscheinung mit großem Kopf und mächtigen Pranken. Seine Nahrung sind Robben, kleine Wale und Pflanzen.

47

Alphabetisches Verzeichnis der Tiere